AF321166

AUX CHAMBRES.

LE ROI RÈGNE ET NE GOUVERNE PAS.

LA RESPONSABILITÉ DU CABINET

PEUT N'ÊTRE PAS SUFFISANTE POUR

COUVRIR LE TRONE.

Ces deux propositions qui touchent à la base même de notre droit constitutionnel, caractérisent spécialement la crise ministérielle qui vient de se manifester aux regards attentifs du pays et de l'Europe entière; tâchons, en peu de mots, de les faire bien connaître, il importe qu'elles reçoivent l'une et l'autre la justice qui leur est due.

Le roi règne et ne gouverne pas; dès qu'on réfléduit on est bientôt convaincu que ces mots, loin d'exprimer un principe qui puisse rallier des esprits éclairés, ne signifient absolument rien, ou ce ne serait que la plus étonnante violation de la Charte. Vraisemblablement ceux qui les proclament ne vont pas jusque là en prétendant ôter à la couronne ses attributions; alors il leur plaît qu'en jouir s'appelle régner, et ils veulent par leur maxime faire seulement entendre que les ministres ne doivent pas aveuglément se conformer à l'opinion du roi. Que ne le disent-ils tout simplement! et ignorent-ils les garanties qui existent à cet égard!

Sans doute les ministres, qui ont été établis dans une sage prévoyance, agents toujours nécessaires, méconnaîtraient la grandeur de leurs fonctions et manqueraient à leur devoir, s'ils ne faisaient que suivre les inspirations du roi; ils lui doivent la vérité, ils lui doivent des conseils, ils ne peuvent céder qu'à une conviction qui détermine leur volonté d'agir, et c'est de ces hautes obligations que dérive leur responsabilité. Les influences se font diversement sentir dans les délibérations ; chacun y apporte le poids de son expérience, de sa capacité, de sa raison, et si le roi, cessant d'y prendre part, abandonnait à ses ministres la conduite de l'État, il n'est personne qui croie que ce gouvernement ministériel inspirât la confiance et l'attachement. Mais les résolutions du conseil et tous les actes de l'administration sont soumis aux Chambres ; elles prononcent. La légalité, l'intérêt du pays sont-ils satisfaits ? Voilà ce qu'elles examinent, ce qu'elles doivent s'appliquer à bien connaître, sans s'arrêter aux influences toujours inappréciables qui, de part et d'autre, peuvent agir dans le conseil, et c'est aussi sans s'y arrêter qu'elles engagent la responsabilité ministérielle, y attachant le blâme, le refus de leur majorité, ou l'accusation. Telle est la garantie constitutionnelle contre tous les ministres qui ne remplissent pas leurs devoirs ; elle est à la disposition des Chambres, elle suffit, et il ne peut y en avoir d'autres.

Que veulent donc les promoteurs de la maxime ? et pourquoi dans ses termes se mettre en conradiction avec la Charte qui dit positivement le gouvernement du roi? Commander les armées, faire des traités, convoquer les Chambres, sanctionner les lois, sont des actes de son gouvernement. Qu'est-ce que *régner* dont elle ne dit rien? Et de quelle autorité, réformant la Charte, y introduire ce mot nouveau? Dans le serment solennel prêté devant les deux Chambres le 9 août 1830 se retrouve le terme consacré: Je jure, dit le roi, de ne *gouverner* que par les lois et selon les lois; ces mots furent accueillis d'applaudissements unanimes, *régner* eût causé une surprise qui eût été suivie de réclamations universelles. La Charte à laquelle on jurait fidélité ne parle que du gouvernement du roi, et c'est là que sont fondés son pouvoir, ses priviléges et sa dignité.

Dans un gouvernement par les lois et selon les lois, elles régnent, c'est ce que veut le pays; et le serment royal, les attributions de la couronne, les prérogatives des Chambres, la responsabilité des ministres, tout cela n'a été établi que comme le moyen d'y parvenir. Ce serait donc avec bien plus d'autorité et de raison que, soutenant l'opposé de la maxime, on dirait : Le roi gouverne et ne règne pas.

Des hommes ont cru qu'il leur serait utile d'adopter un mot de ralliement pour la satisfaction de la foule qui s'y réunit, et ils ont choisi une maxime dont l'application du moins ne peut jamais être embarrassante. Occupe-t-on le pouvoir, l'influence du roi n'est que régner. Ne l'occupe-t-on pas, cette influence gouverne à l'aide de ministres trop faciles.

Cette maxime sera reconnue pour ce qu'elle est, et bientôt l'opinion lui aura imprimé le cachet qu'elle mérite. Déjà même nul ne peut, sans sourire, la prononcer ou l'entendre.

La seconde proposition sortie du projet d'adresse de la Chambre des Députés et soutenue opiniâtrement à la tribune est d'une autre conséquence.

L'ancien cabinet a prétendu que ces mots du projet, *et couvrant le trône au-dedans de sa responsabilité*, présentaient un sens offensant pour la

dignité royale vers laquelle on faisait remonter la responsabilité de l'administration.—On a répondu : « Nous ne nous adressons qu'au cabinet, nous n'en voulons qu'à lui. — Alors expliquez-vous clairement : le cabinet vous soumet ses actes, il en prend toute la responsabilité, mais changez un langage qui se prête à une coupable interprétation. — Nous ne le changerons pas et nous allons vous expliquer pourquoi. « Ce n'est
» pas une responsabilité qui se résume en un
» acte d'accusation que nous exigeons de vous;
» nous avouons qu'aucun de vos actes ne donne
» lieu à la responsabilité légale, mais nous vous
» demandons une responsabilité politique et
» morale suffisante pour couvrir la royauté, et
» vous ne l'avez pas. Il faut pour cela une ad-
» ministration ferme et habile; il faut que per-
» sonne ne puisse supposer que ce n'est pas
» l'administration elle-même qui agit ou qui
» parle. Il ne faut pas qu'en attaquant les mi-
» nistres on paraisse attaquer autre qu'eux; et
» il se pourrait que les ministres n'eussent ni la
» force ni le caractère nécessaires pour faire

» qu'on ne pût imputer qu'à eux les actes du
» gouvernement. »

« Ce langage, réplique-t-on, est bien étrange ;
l'imputation dont vous parlez, il n'est permis à
qui que ce soit de la faire. Hé quoi ! quand les ministres vous paraîtront faibles, inhabiles, vous
direz que le trône est découvert et qu'il y a lieu
de croire que c'est autre qu'eux qui agit ou qui
parle ; mais c'est un outrage. Tout ce qu'il y a
de défectueux, de blâmable dans les actes et les
paroles de cette administration ne peut être im-
puté qu'aux ministres ; tout le mal vient d'eux, le
bien seul appartient au roi, et jamais le blâme
ne peut l'atteindre. L'explication que vous faites
de vos paroles n'est que trop claire ; nous avions
raison de les combattre et de dire que vous éten-
dez la responsabilité au delà du cabinet, car
prétendre que derrière une administration incapable on voit la royauté agir et parler, c'est lui
faire subir cette responsabilité morale que vous
trouvez être insuffisante dans le cabinet. Quelle
offense ! et quel dommage n'est-ce pas lui faire

dans un pays et sous un gouvernement où l'opinion a tant de puissance !

» Il faut, dites-vous, que l'administration soit ferme et habile pour que sa responsabilité couvre moralement la royauté, et qu'on ne suppose pas que celle-ci agit. C'est une doctrine fausse, inconstitutionnelle ; cette responsabilité est toujours suffisante. Quand le cabinet paraît inhabile aux Chambres, c'est à elles de le constater, et ce sont elles qui en deviendraient moralement solidaires si elles le soutenaient de leur majorité ; mais la royauté pleinement couverte reste étrangère à ce débat.

» La coalition ne voit-elle pas la joie qu'elle fait naître parmi les ennemis de notre système de gouvernement ? ne les voit-elle pas qui, s'armant de ses paroles, soutiennent qu'elle n'était pas assez ignorante du langage pour ne pas y attacher avec son véritable sens toutes les conséquences qui en découlent, et s'autorisant d'elle :

« Le cabinet, diront-ils quelque jour, est inca-
» pable, et l'on voit derrière lui la royauté agir et
» parler ; beaucoup d'actes de ce cabinet méritent

» notre blâme, nous le prononçons, et qu'il re-
» tombe sur qui de droit : quelques actes, ajoute-
» ront-ils, peuvent même servir de base à une
» mise en accusation; comment procéder contre ce
» cabinet qui n'agit ni ne parle, et où doit enfin
» s'attacher la responsabilité que la Charte nous
» livre comme une garantie indispensable à la
» conservation du gouvernement représentatif et
» que nous devons rencontrer quelque part? »
Qu'auriez-vous à répondre? et si le cabinet faible ne couvre pas la royauté de sa responsabilité;
comment le cabinet qui sera criminel la couvri-
ra-t-il? Encore un coup, consentez à supprimer,
à faire rentrer dans une éternelle obscurité cette
erreur qui est une offense à la dignité de la couronne et qui compromet son inviolabilité. »

On s'y refuse; mais la Chambre qu'on vou-
drait entraîner et qu'on fatigue de sophismes et
de divagations, rejette l'expression coupable.
Néanmoins on continue de la défendre, et dans
des écrits qui ont circulé par toute la France,
on est allé jusqu'à dire que c'est le cabinet qui
aggravant ses torts par une conduite inconsti-

tutionnelle et anti-monarchique, a voulu que la couronne lui servît de bouclier. Cela tient du délire, quand le cabinet n'a élevé la voix que pour être ce bouclier à l'égard de la couronne, l'être complétement, l'être toujours, ne souffrant pas que les traits qu'on avait le droit de lancer seulement contre le bouclier arrivassent jusqu'à elle; résistance qui fut couronnée du succès.

Comment les choses en sont-elles venues à ce point, et comment s'expliquer cette attaque contre un dogme fondamental de notre monarchie constitutionnelle? Le voici : la coalition s'était formée pour renverser le cabinet, et ne pouvant l'atteindre par la responsabilité légale, elle résolut de lui reprocher d'être faible et inhabile, et de le faire déclarer tel par la Chambre; on aurait voulu s'appuyer sur des faits, mais c'était la chose impossible, car les coalisés, qui n'étaient d'accord que sur ce point, la chute du cabinet, allaient à l'instant même se contredire et se combattre les uns les autres. Si l'un disait : le cabinet s'est mal conduit à l'égard de l'Espagne; il devait porter secours au gouvernement constitutionnel... Non, répliquait celui-ci, il a prudemment agi; ce pays ne nous a que trop coûté, et quelques faibles secours étaient chose perdue; mais c'est en Italie que le cabinet a manqué à son devoir, là les sacrifices n'étaient pas nécessaires... Il s'est montré juste, aurait repris quelqu'autre, il a tenu la foi promise... A la bonne heure, disait celui-là; mais envers la Belgique, quels torts n'a-t-il pas ? S'il ne pouvait rien obtenir en sa faveur, il fallait donc qu'il influât sur elle pour la décider promptement à se soumettre....Et comment expliquez-vous votre promptitude? répliquait un autre; si elle n'écoutait pas vos conseils, seriez-vous allé jusqu'à la contrainte? de notre part c'était une indignité, et nous nous rendions la fable de l'Europe.

On a donc vu qu'on ne pouvait faire que quelques observations vagues sur les actes qui devaient montrer la faiblesse et l'inhabilité; mais dans la crainte que cette faiblesse mal établie ne parût légère, on a imaginé qu'elle avait un effet très-grave, celui d'ôter au cabinet la responsabilité morale en la faisant porter sur la royauté qu'on apercevait agir. Ainsi, c'est lorsque dans les actes du gouvernement il n'y a ni fermeté ni habileté que les coalisés l'aperçoivent y prendre part; travestissement inouï de la maxime anglaise qui, attribuant tout le mal aux ministres et le seul bien à la royauté, est loin de supposer que derrière un cabinet incapable on la voit agir et parler.

Les coalisés ont méconnu les éléments mêmes du gouvernement représentatif et ont soutenu une erreur qui en est précisément le contraire. Quand le mal a lieu, quel qu'il soit, le cabinet seul est aperçu, mais la royauté est entièrement cachée; d'où il résulte ce salutaire effet, principal but de ce régime, c'est que le mal qui se fait dans le gouvernement peut toujours être puni ; et cependant l'État n'en reçoit aucun dommage, l'ordre politique n'est point troublé. Mais est-ce le bien qui est fait? le cabinet s'efface alors et la royauté est aperçue, les inspirations de ce bien lui sont attribuées; tout ce qui s'exécute d'utile et de grand a eu son principe dans sa volonté; on le croit, car sa fortune et celle de l'État ne peuvent être séparées; le bonheur de l'un tient à la prospérité de l'autre. Quand le mal se fait, il est fait contre le roi autant que contre l'État, on pense que c'est à son insu ou qu'il est trompé; mais le bien, il l'a nécessairement voulu, et c'est vers lui que se porte la reconnaissance publique. Les mauvais conseillers étant contraints de se retirer devant d'autres plus dignes, le Gouvernement plein de vie reprend toute son action, la royauté n'a pas cessé d'être respectée; mais si elle était abaissée, si on la montrait comme ayant mal agi, le système constitutionnel serait détruit. La Charte dit aux ministres : Vous serez responsables du mal et toujours considérés comme ayant conseillé ce qu'au reste vous exécutez relativement à des intérêts si grands. Vous répondrez, c'est de toute justice, et vous répondrez seuls; aucune responsabilité légale ou morale ne s'étendra au-dessus de vous, parce que seuls vous êtes aperçus; il est un voile qui ne peut être écarté, le salut de l'État le défend expressément, la paix, la sécurité, le repos de tous en dépendent, l'ordre public, tous les intérêts y sont attachés, là ne s'adressent que des respects et des témoignages de dévouement. Tel est le gouvernement représentatif.

Les coalisés provoquant la retraite du cabinet qu'ils trouvaient incapable pouvaient dire que la royauté n'était pas suffisamment couverte, s'ils ne voulaient qu'exprimer qu'elle recevait du dommage des actes du cabinet, bien loin de prétendre que c'était elle qu'on voyait les faire; ils n'étaient même tenus de rien préciser sur ces actes. Mais enfin il fallait persuader la chambre et avec un blâme trop vague ils ont craint d'échouer, c'est ce qu'à tout prix ils voulaient éviter; alors, pour donner du poids au reproche par l'apparence de la gravité, on a simulé un dommage que ne peut recevoir la couronne à laquelle on portait traîtreusement un coup cruel. On ne devait jamais tomber dans un tel écart; on a fermé les yeux, la passion l'a emporté sur le scandale présent et sur les dangers de l'avenir.

Pour empêcher qu'une pernicieuse doctrine ne s'accrédite et ne parvienne insensiblement à s'établir, il est nécessaire que les deux

Chambres, s'associant à celle qui a été dissoute, et donnant une nouvelle force et une plus grande solennité à son arrêt, déclarent que la Charte proclame ce principe : Le trône est toujours couvert politiquement et moralement par la responsabilité du cabinet.

La première proposition ne s'est pas produite à la tribune, elle n'y pourrait être qu'une ridicule discussion de mots. Quant à la seconde, elle s'est révélée dans un projet d'adresse conçu par une Commission, elle a été soutenue avec des explications qui n'ont que mieux prouvé combien elle était coupable ; elle doit être solennellement réprouvée, ou, si elle prévalait, il n'y aurait plus ni Charte ni royauté ; et dans sa condamnation se trouvera renfermée celle même de la première proposition, comme de toute autre dont on se servirait pour arriver à la même conséquence.

D...Y.

Mai 1839.

Imprimerie de A. HENRY, rue Gît-le-Cœur, 8.

www.ingramcontent.com/pod-product-compliance
Lightning Source LLC
LaVergne TN
LVHW020434060726
842525LV00006B/2384